JN408926

오늘 아침

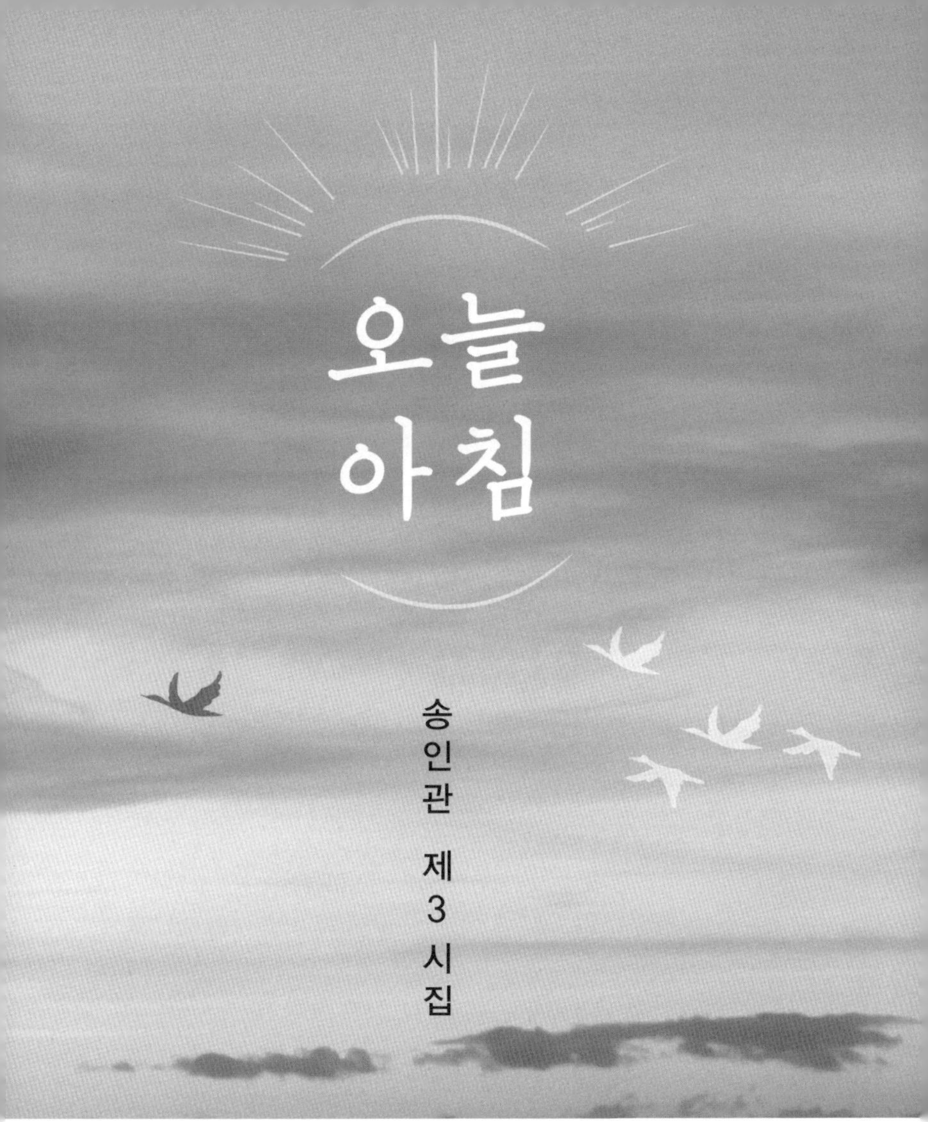

오늘 아침

송인관 제3시집

거울 속에 나는 어디로 가고
웬 낯선 이방인이 서 있나

시인의 말

봄이 와 꽃이 피는가 했더니 어느새 겨울이 왔습니다. 금년에는 무더위가 100년 만에 찾아와 40도를 오르내리며 기승을 부렸습니다. 그 불볕더위가 어제 같았는데 찬 바람이 옷 속으로 파고드는 겨울이 돌아왔습니다. 세월이 너무나도 빨리 흐르는 것 같습니다. 그동안 많은 문우들과 친한 친구들이 내 곁을 떠났습니다. 이 쓸쓸한 인생길에서 문학을 하고 시를 쓰다 보니 늘 외로움과 고독이 끝없이 나를 짓누르고 괴롭혔습니다.

한 편의 시를 쓴다는 것은 그리 쉬운 일이 아닙니다. 나는 시 한 편을 쓸 때마다 나의 재능이 이 정도밖에 안 되나 하는 자괴감에 빠지곤 했습니다. 늘 좌절의 늪에서 벗어나지 못하였습니다.

나는 제1시집 『새벽에 다녀간 사람』에 이어 제2시집 『저녁노을』 그리고 이번에 제3시집 『오늘 아침』이란 졸작 시집을 또 세상 밖으로 내보내게 되었습니다. 많은 질책과 지도 편달이 있기 바랍니다.

2018년 11월

제1부

겨울비

● 시인의 말

제2부

오늘 아침

제3부

나의 자화상

제4부

그리움

제5부

참깨 터는 할머니

제1부

겨울비

겨울비[冬雨]

초가을에
기다려도 오지 않던 비

어둠 속에 파묻힌
동지섣달 깊은 밤

불청객인 겨울비[冬雨]가 되어
왜 창문을 두드리는지

동우 너의 심보를
정말 알 수가 없구나

전철역

인산인해 이루며
붐비는 전철역

환승 기다리는 사람들
계단 오르내리는 사람들

곧 전동차 올 텐데
무엇이 그리 급해

만원 된 이 차
꼭 타야만 되는지

내 어린 시절 풀뿌리 불며
꼬불꼬불한 둑길 걸어 다니며

한가롭게 학교 다니던 일들
그 시절 왜 그리워지는는지

별빛이여

어둠 속에 잠긴 별빛
대지 위로 쏟아지네

적막강산마저
잠든 이 깊은 밤

숱한 사람들 발길에 밟혀
숨도 제대로 쉬지 못하고

잠들어
있는 저 노숙자들

어둠 속에서
찬란히 빛나는 별빛이여

그대는
저 가엾은 영혼들에게

꿈과 희망을 안겨주면
아니 되겠는지요

저 찬란한 별빛이여

눈이 내리네

적막 속에 나를 가둬놓고
하얀 눈이 내리네

청계산과 관악산 골짜기에도
눈이 펄펄 내리네

눈 내리는 언덕과 들판
하얀 눈으로 덮여 있네

정말 그림 같은 하얀 눈이
내 마음속에서도 내리네

흰색

우리 국민은
순결한 민족이다

하얀 눈이 내린다

온 천지가
흰색으로 덮인다

목련꽃도
백합꽃도 다 하얀색이다

하늘을 나는
구름도 하얀색이다

어머니 마음도
명주실같이 부드럽고

비단결같이
고운 흰색이다

하얀 눈이
마음속에서도 펄펄 내린다

비가 내린다

안개 낀
산자락에 비가 내린다

풀잎에도
빗방울이 떨어진다

온 천지가 비에 젖어
어둠 속으로 사라진다

내 마음속에도
알 수 없는 찬비가 내린다

인생의 여울목

물 위에 떠 있는 가랑잎 하나
여울목에서 소리 없이 사라진다

여기까지 오는 동안
아름답던 시절도 많았는데

한 잎 가랑잎 되어
정처 없이 떠도는 몸

언젠가는 흔적도 없이
저 가랑잎같이 살아질 텐데

그 시점
정말 알 수가 없구나

환골탈태(換骨奪胎)

푸르렀던 나뭇잎 좋은 시절
다 버리고 왜 땅속으로 숨어들까

어두운 세상에서 뿌리를 통해
다시 환골탈태한 나뭇잎

나뭇가지에 매달려 햇빛 물고
초록 물결 일렁인다

저세상에 계신 어머니
저 나뭇잎처럼 다시 태어나

이 지상에 다시
환골탈태할 수는 없을까

바우지움조각미술관

바우지움조각미술관
비치된 조각품들마다
장인의 정신과 영혼
깊숙이 숨어 있네

조각품 하나하나 완성하는 데
얼마나 많은 땀 흘리며
시간 보냈을까

바우지움 아트 스페이스 앞에
펼쳐진 인공 연못
흐르는 잔잔한 물결

내 영혼 속 깊은 호수
그 위로 잔잔한 바람
스치고 지나가네

영산홍

눈보라가 몰아쳐
떨고 있는 영산홍

화분째 현관 안으로
옮겨놓았다

강추위가 연일 기승을 부려
목욕탕 안으로 다시 옮겼다

잎에 윤기가 자르르 흐른다
화답이라도 하나

안방까지 들려오는
내 영혼을 쓰다듬는

저 영산홍 꽃봉오리
터지는 소리

꽃샘추위

개나리꽃이
피기 시작한다

사촌이
땅을 샀나

꽃샘추위가
연일 맹위를 떨친다

이 화창한 봄날
왜 심통을 부리는지

꽃샘추위 너의 속마음
정말 알 수가 없구나

털실

뜨개질바늘과
대나무 소쿠리 안에 담겨 있는

주황, 노랑, 하얀, 파랑
색상도 다른 것들이

가게 안에 진열되어
누구를 기다리나

임을 잘 만나야 고운 스웨터로
태어날 수 있을 텐데

새벽같이 인력시장으로
일자리를 찾아간 일용직들

간밤에 단꿈을 잘 꾸었는지

전동차에 갇힌 사람

전철 안에 갇힌
외로운 새 한 마리

모래시계에 갇힌
모래 알갱이같이

주어진 일과를
묵묵히 걷고 있다

과거 미래가 상존하는
잿빛 도시 속

보도블록 틈새를
비집고 나온 잡초처럼

무수한 사람들 발길에
차인 몸으로

전동차에 갇힌 사람
여기 있다

어버이날

과천면
하 2리 뒷골 청년회

시장님과
과천동 경로당 회장들
모셔놓고 경로잔치 베푸네

과천 시장
아씨 시집가는 날 불러
잔칫상 웃음꽃 피었네

잔칫날 축복이라도 하듯
비가 부슬부슬 내린다

효자손 효자안마기
선물 받아 귀갓길 가볍다

영원히 잊을 수 없는
하 2리 뒷골 청년회 효심

영(靈)이란

영(靈)은 신령이고
하느님의 빛살이다

보이지는 않지만
조물주를 가운데 두고

소망과 목표를
조정해가는 생각이다

팔방의 신(神) 하늘의 신(神) 구름의 신(神)이
이들이라고 하는데

과연 이들이
존재는 하고 있는지

깡통

쓰레기통에서
잠자는 깡통들

다시 태어나
세상 빛 볼 수 있을까

소각장에서 사라질는지
한강 둔치에 묻힐는지

다음 행선지를
애타게 기다리는 깡통들

간이역에서
삼등열차를 기다리는

노동자들처럼
일그러진 얼굴로 나를 본다

너의 슬픔과 비애를
범인인 내가 어찌 알 수 있겠는가

대동제(大洞祭)

옛날부터
광창마을 사람들은
곱돌머리*를 좌청룡
바위뫼테*를 우백호로

봄이면 씨앗 뿌리고
가을이면 고사떡 돌리며
우면산 바라보고 살았네

음력 10월 20일이면
광창마을 이중계원들
흰 광목 두루마기 입고

말락고개*에다 제상 차려놓고
마을의 안녕과 번영을 바라는
대동제를 올리며 풍악을 울렸다네

* 곱돌머리 : 경기도 과천시 과천로 43(과천동) 과창마을 소재.
* 바위뫼테 : 경기도 과천시 과천로 43(과천동) 과창마을 소재.
* 말락고개 : 경기도 과천시 과천로 43(과천동) 과창마을 소재.

다정도 병이런가

대로변 풀숲에
누워 있는 저 청년

왜 이곳에 누워 있는지
새벽별은 보았겠지

앞날이 구만리 같은 저 청년
누가 망쳐놓았을까

용모가 준수하고
키가 늘씬한 청년

배냇적 젖 먹던 힘까지 합쳐
회관 소파에 눕혔더니

오물만 한 대야 쏟아놓고
청년은 말없이 떠나갔네

오물을 치우던
도우미들

청년을 이끌고 온 나를
몹시 원망하네

다정도 병이런가
청년 마을에 산다는데

벙어리인 양
말 한마디 없네

말발굽 소리

경마장
들판을 가르고

결승점을
향해 달리는 기수들

마권을
들고 함성을 지르며

발 구르는
수많은 경마인들

십 년 묵은 체증(滯症)
경마벌판에 털어내고

마권을 들여다보고
또 들여다본다

대한호는 어디로 가고 있는가

대한호를 북에서는 핵으로 위협하고
바다 건너 미국에서는 핵으로부터
보호하자고 사드 배치를 서두른다

중국에서는 목숨을 걸고 반대를 한다
이제 대한호는 길을 잃고
거센 풍랑에 휩싸여 있다

거기에다가 대통령이
국정을 농단하였다고
탄핵을 받았다

밝아오는 정유년에는
갈 길 잃은 대한호가
어느 길로 들어설까

희망찬
메신저가 나타나
오대양을 누비며

다시 한번
힘찬 항행을 할 수 있을까

바람

바람 같은 인생
한평생 살다 보면

물이 흐르면
큰 바위도 만나고

썩은 엉덩이도 만나듯
삼재라는 재앙도 만난다

무속인은 치성을 드리면
삼재를 피해 갈 수 있다는데

과연 그러할까

이 바람이 헛된 바람이
되어서는 아니 될 텐데

제2부

오늘 아침

시곗바늘

세월과
함께 흘러가는
시곗바늘
가려거든 혼자 가지

백발이
된 것도 서러운데
왜 같이 가자고
똑딱거리느냐

저승사자가
누군가 했더니
시곗바늘 네가 바로
저승사자였구나

양파 하나

삼동이 지나 경칩이 오자
겨우내 잠자던 양파 하나

생명이 꿈틀거리며
새로운 싹이 돋아나네

생명력이 경이로워
용기에 담아 물을 주었더니

푸른 생명인 새싹이
줄기에서 가지를 치며

생명 창조의 비밀을 품은 채
초록 줄기로 뻗어 나가네

광활한 우주를 향해
뻗어 나가는 저 양파 하나

어디서
그런 힘이 솟아날까

진시황이 애타게
찾던 불로초를 먹는다면

나에게도 저 양파같이
새싹이 솟아날까

오늘 아침

4시에 일어나 문예지
마지막 페이지를 읽는다

무장 공비와 정보 형사에서
나오는 글이다

검사에 날카로운 심문에
법정은 다시 술렁거린다

정보 형사는
판사석을 향해 소리친다

피고는 밥을 챙길 당시만 해도
자수 의사가 없었는지 모르겠으나

밤새 마음이
달라졌던 겁니다

피고는 달라진 속내를
지금 감추고 있을 뿐입니다

그러자 무장 공비는
머가 여드레 간나새끼

네가 뭔데
자수라고 우기는 갠가

무장공비 K는
이북에 두고 온 가족 때문인가

주먹만 한
눈물을 줄줄 흘린다

목련꽃이 피고 질 때

춘분이 돌아오면
목련꽃이 필 텐데

왜 지난 세월들이
그리워질까

꽃이 진 목련 나무에는
이파리가 돋아나겠지만

펑 뚫린 내 가슴엔
새살이 돋울 수 있을까

봄은 아직도 오지 않고
왜 오늘따라

마음이 공허하고
쓸쓸하기만 할까

흰나비

하얀 나비 한 마리
담장 따라 춤을 추다

갑자기
숲속으로 사라진다

오욕으로 얼룩진
내 영혼 세속에서 벗어나

흰나비 너를 따라
숲속으로 들어가

나비같이 평화스럽게
여생을 보낼 수는 없을까

여보(女寶)

여보(女寶) 화촉을 밝힌 지
오십 년이 넘었구려

혹시 내가 없더라도
세월의 먼지 속에서

살아가기가 힘들다고
삶을 포기하지 마시구려

저 뜰에 피어 있는
꽃잎들도 영원이 피고 싶겠지만

언젠가는 떨어지고
꿈도 사라질 날이 오겠지요

여보(女寶) 외롭고 고달픈 인생
바람 불면 부는 대로

구름 흐르면 흐르는 대로
물결치면 치는 대로

그저 그렇게 살다 가면
아니 되겠는지요

자화상

예의범절이나 대가족제도
지난 시대의 유물이 되었나

스마트폰이 홍수같이
범람하는 이 시대에

북녘은 핵으로 통치하고
남녘은 대모로 날 샌다

이것이 21세기
한반도 자화상이라니

왜 이렇게도 쓸쓸하고
허전하기만 할까

발

어릴 때
말랑말랑했던 발

살다 보니
바위같이 단단해졌네

햇빛 한번 쐬지 못한 채
음지에서만 살아온 발

내세에는
피아노 건반을

뚜들기는
아름다운 손이 되거라

희망의 메신저 새

어둠의 장막을 제치고
찾아든 저 새

행복을 안겨주는
메신저인가

잠든 영혼을 깨워주는
수도승인가

공해의 찌든
내 영혼에게

새로운 꿈과
희망을 안겨주려고 왔나

희망의 메신저인 저 새

거울 속에 나

거울 속에
나는 어디로 가고

웬 낯선
이방인이 서 있나

항상 젊고
패기 있게 살아왔는데

거울 속에
비친 사람 누구일까

억만년 전 인간 모습인가
멍키 모습인가

고양이 한 마리

플라스틱통 앞에서
냄새만 맡다가 가는

바짝 마른
저 고양이 한 마리

무슨 업보가 있기에
고양이로 태어났을까

얼마나 굶었기에
배가 저리도 홀쭉할까

TV에 나오는 아프리카 어린이
큰 눈방울이 아롱거린다

저 고양이 저 야윈 몸으로
얼마나 살 수 있을까

주목나무

이 지상에는 수많은 생명체들이
제 색깔을 내며 살아간다

그 많은 것 중에서 주목나무는
살아 천 년 죽어 천 년을 산다

지상의 영장은 인간이 아닌
주목나무 너인 것만 같구나

영혼의 꽃과
열매를 맺기 위하여

천 년이란
긴 세월을 살아온 주목나무여

너의 깊고 심오한 삶의 철학을
우리도 배울 수는 없을까

노숙자

이름도 없는 잡초들이여
어느 놈은 온실에서
태평성대 이루며 살아가는데

왜 너는 보도블록 틈새를
비집고 나와 발길에 차이면서
추위에 떨고 있느냐

너의 몰골을 보니
세상과 완전히 등지고 사는
노숙자 모습이 떠오르는구나

무슨 업보가 있기에
잡초같이 이리저리 차이면서
노숙자로 살아가는지

서재(書齋)

외출하고 서재로 들어서면
늘 마음이 편안하다

오늘은 책꽂이에 꽂혀 있는
신 노년의 정원을 읽는다

이 시집에서 시인들을 만나고
시 강의도 듣는다

신 노년의 정원에는 문우들과
나 송관이 쓴 시도 있다

그들이 읊은 시어를 들여다보면
인생의 묘미가 있어 늘 즐겁다

탈무드에 나오는 말

인간의 몸에는
여섯 개 부분이 있다

그중에 눈 귀 코는
마음대로 할 수 없지만

입 손 발은 마음대로
할 수 있다

이 말은
탈무드에 나오는 말인데

아무리 생각해도
알쏭달쏭하다

고춧대를 뽑는 사람

가을이 붉은
고추같이 익어간다

그동안 맺은 열매
낙엽이 지기 전에

결실을
맺어야 하는데

저 농부는
고춧대를 뽑아버리고

시금치
씨앗을 뿌린다

밤새 무슨
악몽을 꾸었기에

축 늘어진 몸뚱이로
이랑에서 뒹글고 있느냐

고춧대야
지상에 모든 만물은

영원한
것은 하나도 없다

언젠가는 사라지고 마는 것이
만물의 속성이다

이북의 김정남을 봐라
좀 일찍 간다고

누구를
원망하지 말라

이것이
네가 타고난 숙명인 것을

중풍 환자

중풍으로
쓰러진 생활 극빈자

한 달에 육십만 원 주고
요양 병원 입원하였다

이 사람이 보는 세상은
어떤 세상일까

무슨 생각을 하며
왼손으로 식사를 할까

지난날의 아름다웠던
일들을 회상하고 있나

부인은 가냘픈 몸으로
환자보다 더 힘들게 살아간다

모든 고통으로부터 얼룩진
육신의 옷을 털어버리고

길고 긴 투병생활 언제 끝날지
그 누가 알고 있을까

경기도민회 등산 동호인

사월 중순
경기도민회 등산 동호인들

서울대공원에 모여
벚꽃 축제 벌이고 있네

호숫가에서
불어오는 봄바람

등산 동호인들
벚꽃 구경하라고 손짓하네

도민회 회장과 임원들
전 회장 모시고

버들가지
늘어진 호숫가에 앉아

정담 나누며
소주잔 기울이네

위(胃)

햇빛 한번 보지 못하고
어둠 속에서 잘도 참아온 위여

남남으로 만나
한평생 살아온 부부처럼

우리 인연 맺어온 지
꽤 오래되었구나

식탐이 과하여 너를 괴롭힌
세월이 너무 길었다

이제 너를 괴롭히고
혹사시킨

입맛이란 독재자를
영원히 추방하고

소식(小食)이란
채식주의자를 불러들여

참신한
정치를 펼치려고 한다

위(胃)여
모든 일은 지난 일이고

이제 남은 여생
우리 즐겁게 보내자

막계천 준마교

어둠에 깔린 막계천
말없이 흐른다

속울음
삼키고 경마장 나오는

빈털터리 경마꾼들
삶의 애환 짊어지고

어둠에 싸인
막계천 준마교를 건너

발걸음도 무겁게
어디론가 살아진다

제3부

나의 자화상

문인의 길

나는 왜
이 길을 걸어가는가

들어가는 길은
있어도 나가는 길이 없는

태산준령
같은 험준한 길을

돈도 안 되고
알아주지도 않는 길을

왜 나는 이 길을
걸어가야만 되는 걸까

소용돌이치는
삶을 침묵으로 삭이며

걷지 않으면 안 될
외로운 문인의 길

감꽃

감꽃이 피는
여름철이 돌아오면

아버지 잔영(殘影)이
떠오르는 것은 무슨 조화일까

감나무 그늘 밑에 앉아
무릎을 주무르시던 아버지

감꽃이 떨어지면 지팡이를 짚고
빗자루로 쓸곤 하셨는데

무명 베옷 한 벌 달랑 입으시고
왜 저세상으로 가셨는지요

오늘도 임자 없는
빗자루는 마당에서 뒹굴고

주인 잃은 지팡이는 낮잠만 자는데
감꽃은 떨어져 쌓여만 가네

뿌리

어둠 속에서 광부같이
일을 하는 뿌리

그들은 수액을 끌어당겨
우듬지까지 나르며

자기 한 몸 바쳐
주인에게 봉사한다

누가 알아주지도 않고
한평생 봉사만 하다 가는

우리 사회의 적폐인
일용직 공용인들

그들의 고행을 여의도에 있는
철새들 알고나 있는지

나의 자화상

책꽂이 위에
사진틀 하나 있다

관중 앞에 마이크를 든
내가 있다

언제 어디서 찍은 사진인지
기억이 안 난다

무슨 말을 하였는지도
모르겠다

그렇게 당당했던 시절이
있었다는 것이 대견스럽다

세월은 흘러 어느새 불청객이
찾아와 백발이 되었다

사진틀에 걸려 있는
젊은 시절 나의 자화상

물소리

양재천으로 흐르는
물가에 서 있으면

산새 소리 쑥국새 소리
음악 소리로 들려온다

어린 시절 물가에 앉아
풀잎 띄우던 여자애들

벌거벗고 물장구치던
어릴 때 불알친구들

지금 어디서
무엇을 하고 있을까

너와 나

베를린장벽을 허문
저 게르만족 독일인들을 봐라

너와 나 하나가 되면
야욕에 찬 무리들이

앞길을 가로막고
숨통을 짓누르려 해도

우리는 하나가 되어
반드시 살아남으리라

세계인들을 평창에 불러놓고
행복 사랑 희망이 서려 있는

팡파르 속에서
남과 북이 하나가 되어

아리랑 부르며 한반도 깃발
휘날리며

한 민족 한 핏줄이라는 것을
세계만방에 알리지 않았더냐

이 강토에서
저지른 병자호란 임진왜란

일제강점기 삼십육 년간
그들이 저지른 만행을

너희들은 알고 있느냐
왜 우리 세대들은 좌우상하로 갈라져

국론을 분열시키고
열강들의 노리갯감이 되어

언제까지 싸움질만 하고
살아가야만 되는지

우공(牛公)

牛라고 각인된 목각을
서재에다 걸어놓았다

소는 근면 충직의 대부요
느림의 철학자다

자아를 상실한 자에게
새김질을 통해 성찰의 기회를 준다

눈동자를 봐라 아기 눈처럼
선한 눈방울 솔잎 같은 눈썹

운명에 순응할 줄 알고
맡은 일을 묵묵 수행하는

말 못 하는 소가
여기 누워 있다

종착지는 어디일까

서울대공원 둘레길을
수많은 사람들이 삶의 애환을
짊어지고 걷는다

자전거를 타고 언덕길을 넘어
문원동에 자리 잡은 신 노년의
정원을 찾아가면

시인들이 모여
시도 쓰고 파스텔화를 그리며
못다 한 인생이야기를 나눈다

끝이 없고 퇴로가 없는
이 외로운 길을 꼭 가야만 되는 건지
신 노년의 정원 종착지는 어디쯤 있을까

우리 마을

양재천가 뚝방에 서서
내가 살고 있는

광창마을을 바라보면
청계산에서 뻗어 내린

좌청룡 우백호가 한 폭의
병풍처럼 펼쳐져 있네

사람들 숨결 소리
벌레들 합창 소리

실타래같이 얽히고설킨
마을 안 소음 속에서

많은 사람들 마을 안길 오가며
인생이야기 하겠지

미운 오리

인간의
성격은 천태만상인가

태생적으로
우와 좌가 있는 것인가

정치판이 그러하듯
작은 모임에서도

갈 지(之) 자를 좋아하는
미운 오리가 있다

그가 가는 길엔
늘 회오리바람만 분다

관악산

칠십오 년 전
내 유년 시절

노을이 진
관악산을 바라보며

저 산 너머에는
누가 살고 있을까

그것이
늘 궁금하였지

아침저녁
쳐다보던 관악산

지금은
공해에 찌들어

어릴 때 바라보던
관악산이 아니네

관악산 너머 사람들
무슨 꿈을 꾸며 살고 있을까

꿈속일망정
어머니와 함께하는

관악산 상상봉
저 푸른 하늘나라

강화 보문사 향나무

갯바람 불어오는 보문사 석실 앞
바위틈에 서 있는 향나무 한 그루

세월에 찢기고 외침에 시달리고
6 · 25동란 때 3년간 죽었다가

다시 소생한 너는
무슨 업보가 있기에

좋은 땅 다 버리고 바위틈에
뿌리를 내리고 왜 힘들게 살아가느냐

한때는 날아다니는 새도
한입에 삼킬 듯 당당했었는데

지금은 소같이 끌려다니며
울지도 못하고

법정에 서 있는 그 누구처럼
고목이 된 채 서 있는 너를

오늘도 많은 관광객들이
애잔하게 바라보고 있구나

먹구름에 싸인 한반도

병신년 초부터 북쪽에서
장거리 미사일을 쏘아댄다

개성공단이 폐쇄되었다
다음은 무슨 일이 벌어질지

한 치 앞도 보이지 않는 한반도
시작은 어디고 끝은 어디일까

이 땅에 살고 있는
민초들을 생각하니

왠지 모르게
눈물이 쏟아진다

이름 모르는 꽃

꽃잎이 셋이고 꽃술이
일곱 개인 청보라색 꽃

줄기는 난 같은데
꽃 이름을 알 수가 없네

벌이 날아와 연약한 몸에서
꿀을 채취해 가는구나

겨울이면
뿌리만 남아 있다가

봄이면
푸른 줄기로 뻗어가는 꽃이여

동이 트면
활짝 피었다가

왜 정오가 되면
꽃봉오리 속으로 숨어드느냐

너의 속심
정말 알 수가 없구나

느티나무 한 그루

향교 앞 삼백 년 된
느티나무 한 그루

밤새 내린
이슬로 목을 축이고

관악산 찾는 사람들에게
인의예지(仁義禮智)를 가르친다

향교를 닮아가는
저 늠름한 느티나무 한 그루

지금 무슨 생각을 하고
오가는 사람들을 쳐다보고 있을까

우초(愚草) 황 선생

우초(愚草) 황 선생 일정(一亭)에게 남기고 간
유고집에서 생전의 모습 잘 보았습니다

6 · 25전쟁으로 가족들과 헤어져
인덕원까지 오는 동안

고향에 두고 온 가족 몽매에도
잊지 못하고 잠 못 이루시던 황 선생

인덕원 집을 떠나 저세상으로 간 지
백 일이 되었네요

고향 집 대문에 서서 오매불망하며
당신 돌아오기만 기다리던 할머니

밤마다 꿈결 속에서 하얀 손수건으로
분 냄새 풍기며 이마의 땀방울 닦아주던 누이

목이 터져 피가 나도록 부르던 오마니 아버지
두고 간 이 모든 핏줄들

철책선 넘고 대동강 건너
고향 집서 만나본 기분 어떻습디까

피붙이들이 망향소에다 하늘 우체통 만들어놓고
그곳 들를 때마다 편지 한 통씩 부치고

지난 세월들 회상하며 회억의 눈물 뿌린다는데
우초(愚草) 황 선생 그 편지들 다 읽어보셨는지요

모래시계 1

배[梨]와 같은
유리통 두 개 이어

구멍 사이로
모래알 떨어트리며

시간 알리는
모래시계 여기 있다

유리통에 갇히어
평생 일하고 있는 모래알

시시포스(Sisyphos)처럼 이 세상
살아가기 얼마나 힘이 들었을까

모래알로 시간을 알린 사람은
프랑스 성직자 라우트 프랑

경천 뇌동할 모래시계 만들어
모래알 유리통 속에 가두어놓고

얼마나 많은 모래알
혹사시켰을까

권불 십 년
화무십일홍이라 하였던가!

디지털에 밀려 역사의
뒤안길로 사라진 모래시계

모래시계 2

모래시계
위쪽 아래쪽 두 칸 칸 사이는
좁은 구멍으로 연결되었다

모든 모래가 아래쪽에 놓여 있는 곳에서
뒤집으면, 중력에 의하여 통로를 향해
아래쪽으로 내려간다

각 모래시계마다
모든 모래가 내려가는 데 필요한
시간은 시계마다 다르다

모래시계
안에 있는 모래 알갱이의 크기와
두 칸 사이의 구멍의 크기에 따라 다르다

모든 모래가
떨어지면 그만큼의 시간이
흘렀다는 것을 알 수 있다

모래시계가
정교하게 만들어진 경우
초 단위까지 측정이 가능하다

비슷한 원리의 시계로는
물시계가 있다

미꾸라지 한 마리

맑은 물
휘젓고 다니는

미꾸라지 한 마리

온 세상을
흙탕물로 만든다

그런 사람이
정치권에 몸담고 있어

하루도 나라 안이
조용한 날이 없다

청남대

청남대
머물던 역대 대통령들

하늘을 우러러보며
무슨 생각을 하며 국정을 구상했을까
삶에 찌들은
민초들을 한순간이라도
생각이나 해보았는지

대통령
자리에 있다
퇴임을 하면
왜 줄줄이 감옥에 가고

총에
맞지 않으면 자살을 할까
자식들이
감옥에 가지 않으면
측근들이 가고

세종대왕 같은
대통령은 언제쯤 나올까
이판에 청남대에서
굿판을 한판 벌이면 어떨는지

길(대도)

황금이 깔려 있는 길이라도
가서는 안 되는 길이 있고

가시밭길 험한 길이라도
꼭 가야만 하는 길이 있다

돈은 인생의 다가 아니다
대도를 걷는 것이 대인의 길

줄줄이 감옥으로 끌려가는
저 정치인들을 봐라

얼마나 측은하고
초라한가를

제4부

그리움

그리움

물살 가르며
날고 있는 갈매기들

날개 젖은 짠 내음
온 갯벌 적시네

태양은 노을이 져
바다 멀리 사라져가는데

출렁거리는 물결 따라
움직이는 낚싯배 하나

지울 수 없는 그리움
마음속 깊이 안겨주고

한 잎 가랑잎이 되어
정처 없이 떠다니네

아버님 신위

삼십 주기가 되는
아버님 제삿날입니다

아버님
둘째가 낳은 성진이가
여섯 살이 되었네요

아버님
좋아하시던 막걸리를
무릎 꿇고 성진이가

가득 담아 올리니
마음껏 드시고 놀다 가십시오

머지않아
조부라는 신위를 놓고

아버님처럼
나의 제를 지낼 텐데

무심하게
살아온 세월들을

뒤돌아보게 하는
제상 위에 놓인 아버님 신위

소주 한잔

오늘같이 외로운 날엔
청계산 폭포수 밑에 앉아

물소리 안주 삼아
소주 한잔 기울이고 싶네

전 같으면 한걸음으로
달려갈 수 있었는데

어쩌나 흐르는 세월 앞에
무릎이 가을을 몰라보니

글 읽는 소리

과천 향교 앞
수령이 삼백 년 된
하늘을 덮은
느티나무 한 그루

가지마다 이슬방울
줄줄이 매달려 있네

향교 안 문도회 회원들
글 읽는 소리에
덩달아 개울물
졸졸 흐르고

관악산
오르내리는 사람들
명륜당 바라보며
귀 기울이네

민들레

왜가리와
외로이 서 있는

양재천 뚝방길
민들레 꽃대 하나

대궁 위 씨앗
바람 불 때마다

하나하나씩
저 멀리 날려 보내네

기약 없이 떠난
민들레 씨앗 하나

언제 다시
만날 수 있을까

흘러가는 물소리에
눈물만 흘리네

내소사(來蘇寺)

백제 무왕 때 혜구두타 스님이 지은
변산반도 남단에 있는 내소사

당나라 장수 소정방이 걷던
내소사 전나무 길

그 길을 무슨 생각을 하며
그는 걸었을까

대웅전 뜰 앞에 모인 선남선녀들
소원 이루어달라고

두 손 모아
부처님께 예불을 올린다

나도 소원 이루어달라고
그들 따라 빌고 빌었다

부처님 혼자 그 많은 소원
다 들어줄 수 있을까

웃음꽃

과천 중앙공원 분수대
하얀 물보라

포물선
그리며 낙하한다

그네 타고
하늘 높이 치솟는 아이

세 발 자전거로
달리는 아이

보름달 닮은 얼굴
웃음꽃 활짝 핀다

가을엔

가을엔
코스모스 한들거리고
고추잠자리 공중을 비행한다

돌담엔 햇볕 쌓이고
늙은 호박 하나
가을바람에 익어간다

가을이 익어가면
아내는 붉은 고추 따고

흐르는
구름 쳐다보며
나는 명상에 잠긴다

화롯가

어린 시절
동지섣달 그믐밤

화롯가에 앉아
바느질하던 어머니

온 식구 모아놓고
옛이야기 하던 아버지

그 시절 다시 올 수 있을까
미치도록 그리운 화롯가

도마질 소리

오늘따라
아내의 도마질 소리

왜 이리도
정답게 들려올까

살아생전
어머니가 들려주시던

정다웠던
도마질 소리

그리운 그 시절
다시 올 수는 없을까

산 고을 1

정말
시 쓰기가 힘들다고
두 줄 썼더니

간결해서
좋다고 산 고을
장학순 시인

침이
마르도록 칭찬한다

산 고을 2

장학순 시인
아세아 문예 발행인을 보고
젊었을 때 여자깨나
울렸겠다고 한다

아세아 문예 발행인
젊었을 때 여자들이
쳐다보지도 않더라고 한다

장학순
산 고을 시인
아세아
문예 발행인과

장기판을 놓고
내리치고 올려치면서
멍군 장군 한다

산 고을 3

산 고을
오삼불고기

끝내준다고
엄지손가락을 쳐들었더니

장학순
시인 신이 나서

소주
한 잔 따라준다

녹색의 물결

오월 햇살 아래 산과 들
녹색 물결로 출렁거리네

행복했던 어린 시절
산딸기 따 먹던 친구들

지금 어디서
무엇을 하고 있을까

녹색의 물결 속에서
그때 그 모습 아롱거리네!

칼국수

봄비가 내려
칼국숫집을 찾았다

얼큰한 칼국수로
소주 한잔 기울이니

어린 시절
한 끼니를 이어가던

어머니가 만든
칼국수 생각이 난다

어머니가
끓여주시던 칼국수 맛

언제쯤
다시 맛볼 수 있을까

아집이 몰고 온 태풍

촛불 물결에 휩쓸린
한 여인이 고집불통 아집으로

나라 전체를 수렁 속에
빠트려놓고 감옥으로 갔다

자유당 시절 프란체스카 여사와
박 마리아

중종 때 문정황후와
정난정*

국정을 농단하여 파멸의 길을
걷던 일을 왜 그녀는 몰랐을까

권력의 맛을 들이면
무소불위란 말인가

앞이 보이지 않는 안개 속에 묻힌
대한호는 지금 어디로 가고 있는지

*정난정 : 중종 때 권력 찬탈을 둘러싸고 국정을 농단한 여인.

용두암

제주 북쪽 바닷가
십 척이 넘는 용두암

오랜 세월 파도와
맞서 싸우더니

네 형상이 용의 머리로
변하였구나

몸 구석구석
검은 상처로 얼룩져

구멍이 비늣방울같이
뻥뻥 뚫려 있구나

바다를 지키는 네 모습이
제주를 지키는 수호신(神) 같네

광창로

광창마을 사람들은
청계산 옥녀봉을 머리로 하고

봄에는 씨앗 뿌리고
가을엔 고사떡 돌리며

이웃과 웃으며
정답게 살아왔네

마을 앞에는
봄말이라는 뜰이 있고

양재천이
사시사철 흐르네

풍수를
하시던 아버지는

예부터 광창마을은
졸부들이 살던 터이니

무슨 일이 있더라도 뜨지 말고
대를 이어 살라고 하셨네

우도 서빈백사장

에메랄드빛
쏟아지는 햇살 아래
홍적세*를
거쳐 오는 동안
서빈백사장
모래알들이
하얀 빛을 띠우고 있네

와이키키*
해변처럼
수심 따라 빛깔이
영롱하게
빤짝이는
서빈백사해수욕장
일렁이는
해변 따라
오토바이에 중국인을 싣고
바람같이 달리고 있네

반출이 안 되는
밥풀 같은 모래알들이
제주 우도(牛島) 주민
1500명을 먹여 살리네

* 홍적세 : 200만 년 전—일만 년 전.
* 와이키키 : 하와이에 있는 해수욕장.

포천아트밸리

광창마을
불알친구 열한 사람이
이동으로 가

갈비 십칠인 분을 먹고
지하여장군 천하대장군
두 장군이 서 있는
아트밸리 포아르 입구로 갔네

비지땀을 흘려가며
전망테크 호수공연장으로
들어서니

태고의 청자빛 호숫물이
광창마을 불알친구
열한 사람을 앉혀놓고

소문대로
바람과 속삭이며
물장난을 치고 있네

제5부

참깨 터는 할머니

참깨 터는 할머니

구릉진 산자락에서
할머니가 깨를 턴다

어린 손자 둘은 깨 터는 것을
신기하게 바라본다

참깨 대는 나뭇가지에 얻어맞아
꼬투리를 열고 마른 깨를 쏟아낸다

평생을 빈껍데기로
살다 가신 우리 어머니같이

죽정이가 된 참깨 대는
입을 벌리고 하늘만 쳐다본다

새끼 고양이

고양이 새끼 한 마리가
개집을 찾아와 개와 동거한다고

과천샘터 길에 사는
친구한테서 전화가 왔다

어미는
어디로 갔을까

얼마나 배가 고프면
개에게 빌붙어 살고 있는지

이것들을 바라보면
개는 고맙고

고양이는 불쌍해
눈물이 난다고 한다

친구가 스마트폰으로 보내준
고양이와 개 모습을 보니

6 · 25전란 때
천애의 고아가 되어

누가 오라고 손짓도 않는
미지의 세계를 찾아

비행기에 오르는 고아들이
왜 눈앞에서 어른거리는지

개나리

경마장 돌담길 따라
활짝 핀 개나리꽃

바람 불 때마다 노랑나비
날갯짓하듯 꽃잎 팔랑인다

노란 꽃잎 하나
경마꾼들 어서 오라 손짓하네

봄이여

남녘에서
불어오는 바람

겨울을 갈아엎고
따스한 봄을 부른다

나비같이
화사란 봄바람

봄이여 어서 오라
날갯짓하네

목련꽃이여

목련나무 가지마다
꽃봉오리가 층층이 매달렸네

다른 꽃은 따스한 봄날을
참고 기다리는데

너는 무엇이 급해
이 세상에 일찍 나와서

시도 때도 없이 불어오는
찬 바람에 떨고 있느냐

너를 바라보니
모든 게 다 자연의 뜻인지

인큐베이터에 들어 있는
조생아가 떠오르는구나

일찍 왔다 소리 없이
사라지는 목련꽃이여

망월동

얼어붙은 망월동에
봄이 찾아들었는데

왜 이곳은 온기가 없고
차갑기만 할까

오늘도 초로 노인 한 분이
빛바랜 남색 셔츠 입고

묘지마다 놓인 꽃 바라보며
하염없이 눈물 흘리네

깊은 잠에 빠진 망월동에
잠들어 있는 영혼들이요

그대들은
산 자의 슬픔과 비통함을
알고나 있는지요

질경이

사십 도를 오르내리며
백 년 만에 찾아온 무더위

미투와 드루킹을 앞세워
정국을 강타해 도백(道伯)들의
혼을 앗아갔다

정의당에 노 의원도
그들의 희생양이 되었다

그런데 저 질경이는
얼마나 생명력이 강하기에
살인적인 더위에도

끄떡 없이
제자리를 지키고 있을까

아무도 돌아보지 않는
인내와 끈기의 사부

우리는 저 질경이한테서
배울 것은 없을까

우리 집 구석밭

아버지가 애지중지하던
우리 집 구석밭

여름철이면 토마토 노랑참외
지천으로 널려 있었고

머리통만 한 수박
줄기마다 매달려 있었네

구석밭이 경마장 되리라고는
생각도 않았는데

경마장이 되어 수목일이 오면
시장통으로 변하고 있네

한 치 앞도 내다
볼 수 없는 것이 인생사라니

무슨 일이 벌어질지
내일을 기약할 수가 없구나

행복발전소

두레박으로 물을 쏟는
과천 타워 우물가

아낙의 동상과
빨래하는 여인을 보면

등목 하던
옛 추억이 떠오른다

정오가
3시로 걸어가면

평상에 앉은 사람들
물소리로 더위를 식힌다

맞은편 복지관
보현교실에서는 늦깎이들이 모여

머릿속 깊은 우물 속에서
시어(詩語)를 길어 올린다

시 읽는 소리
옥구슬 굴러가는 소리 같다

낙원이 따로 있나 보현교실이
낙원이고 행복발전소지

천년만년 살듯

지갑은 열고
입은 닫으라고 하였다

천년만년 살듯
지갑은 닫고 입은 연다

종국에는 입도 다물고
지갑도 닫은 채

사라져
가는 것이 인생인데

천년만년 살듯
아귀다툼하며 살아가고 있네

삼월이 가면

삼월이 저물자 봄비가
대지를 적셔가며 내 마음도 적시네

모란꽃 속으로도
개나리꽃 속으로도

내 뻥 뚫린 가슴속으로도
새로운 꿈을 적셔가며

삼월을 밀어내고
단비가 줄줄 내리네

누룽지가 된 여인

누룽지 되기까지
얼마나 힘들었을까

푸른 들판에서 단꿈에
젖었던 세월도 있었겠지

하롱베이에서
온 여인

낯선 풍토에서 얼마나
살기가 힘이 들었을까

바람에 흔들리고
지지고 볶아가며 살다 보니

어느새 우리 풍토에 맞는
고소한 누룽지가 되었네

참을 인(忍) 자 셋이면
행복을 가져온다네

대공원 봄나들이

봄비로 개나리꽃이
활짝 핀 현대미술관 연못가

초등학교 동문들
한자리에 모였다

친구가 좋아 떡도 먹고
김밥도 먹으며 우정을 나눈다

청계산 숲을 바라보며
모두 다 소주잔 높이 들고 건배한다

청계산 숲길

가을이 오면 나뭇잎
황갈색으로 몸치장하고

윗동네서 아랫마을로
마실 온다

가을빛
붉게 물들어가는

청계산
숲길을 걷노라면

나뭇잎 떨어지는 소리
풀벌레 우는 소리

산 꿩 울음소리가
내 마음을 울리며

메마른
내 영혼 어루만지네

온몸 붉게 적시며
지는 가을 아쉬워하는

오늘도 걷고 있는
저 가파른 청계산 숲길

사월의 서울대공원

서울대공원
오가는 사람 모아놓고
벚꽃 잔치 벌이네

장미 동산
유월 축제 준비하느라
가지마다 속눈썹 그리며
몸단장하네

오리들 물 위에서
한가롭게 자맥질하고
노란 잠바 입은 유치원생들
동물원으로 나들이 간다

사월의 대공원
봄 축제 벌이는데
나는 세월만 허송하네

오월의 서울대공원

푸른 하늘 아래 펼쳐진
5월의 대공원

청보리
익어가는 소리

보리알
갉아먹는 진드기 소리

오고 가는 사람
발길 멈추게 하고

날아가는
새들 불러들이네

정다웠던
친구들 모아놓고

언제쯤
웃음꽃 필 수 있을까

유월의 서울대공원

서울대공원 분수대
떨어지는 물줄기

아이들 모아놓고
꿈과 희망 안겨주네

코끼리 차는
대공원 둘레길 달리고

시프트 카는
공중에서 춤을 춘다

그림같이 아름다운
유월의 대공원

뻥 뚫린 이 가슴에
꿈과 희망 심어줄까

리오 하늘 아래서

35도 찜통더위가
기승을 부린다

북에서는 핵미사일로
군사 퍼레이드를 벌이고

리오에서는 지구촌 젊은이들이
금메달을 놓고 잔치판을 벌인다

금메달 놓고 대한의 아들딸
비지땀 흘려가며 싸운다

과녁을 뚫는 대한의 건아들아
너희들의 눈동자를 보면

조국의 미래는 밝고
희망이 있어 보인다

부디 최선을 다해
금메달을 따

온 세계인들이 부러워하는
으뜸 대한민국을 건설해다오

35도를 오르내리는 무더위

팔월 들어서자 쏟아지는 무더위
35도를 오르내리며 널을 뛴다

극성스러운 매미도 울음 그쳤다
삼라만상이 빛바랬다

오직 시곗바늘만 정오 눈금을 향해
한 치의 오차도 없이 움직인다

시곗바늘 같은 젊은이들이 있어
조국의 미래는 밝을 것이다

순결하고 진솔한 실존의식으로 통찰한 서정적 시학의 메시지

— 송인관 시집 『오늘 아침』 해설

최병영 (시인 · 문학평론가)

1. 들머리 말

시를 짓는 일은 길쌈하는 일과 같다. 길쌈에는 뽕을 가꾸어 누에를 치는 과정과 온갖 수공(手工)을 들여 명주실을 뽑아내고 이를 직조하여 섬세한 견직물(絹織物)을 짜는 과정이 포함된다. 누에가 허물 벗어 고치 치고 실을 풀어내어 타래를 짓는 여러 과정이 필연적으로 수반되는 버거운 노정(路程)이다. 그러기에 우리 선인들은 길쌈을 하며 힘겨운 일에 집중하고 노동의 피로를 덜기 위해 노래를 불러왔다. 길쌈노래는 작업환경과 특성, 노동의 질감과 순도(純度)가 자연스럽게 태동시킨 노동요(勞動謠)이다. 우리 선인들은 노래를 통해 힘겨운 작업을 순화하고, 생활의 고뇌를 지혜롭게 이겨내는 공동체적 행위를 보여 왔다. 구전(口傳)되는 길쌈노래가 모두 절실한 묘사와 치밀한 구조의 성격을 지니고 있는 연유이다. 길쌈노래는 우리 삶에 시가 왜 필요한가를 명확하게 입증해주는 전범(典範)이다.

시는 순결한 영혼의 숨결로 결실한 창작물이다. 인간 삶의 내면을 직시하는 깊은 사유와 이해에서 한 편의 시는 완성되고, 그런 작품이 시의 본질을 이루며 참된 가치를 지닌다. 우리는 시를 통하여 극대화된 기쁨과 희열을 만끽하고 슬픔과 아픔을 체감하며 고독과 고적의 심연을 경험하게 된다. 이는 매우 유의미하고 가치 있는 일이다. 시는 창작과정이 매우 입체적이고 복합적이다. 문학작품에는 작가의 사상과 가치관이 형상화되어 그림자처럼 깔려 있기 마련이다. 시 작품에는 시인이 걸어온 삶의 궤적과 인생관이 반영되어 있다. 살아온 세월의 반추와 살아갈 세월의 상상이 시의 기본 골격을 형성한다. 그런 요소가 삶의 내면적 의미와 상념을 상기시켜 자연스럽게 인생의 여정을 되짚어보고 성찰하게 한다. 흘러간 것은 아름답고 다가올 것은 설렌다. 그런 것들의 의미와 가치를 규명하고 감내하며 묵묵히 앞으로 발걸음을 내디뎌가는 게 시인의 숙명이라 할 것이다.

송인관 시인이 세 번째로 상재(上梓)한 시집 『오늘 아침』은 사유의 체계를 중심테마로 설정하여 현상의 모순적 가치와 불합리를 타개하고 이상세계를 지향하는 순수의식의 작품집이다. 시인은 시작(詩作)의 일련 과정을 통하여 순박한 시선으로 다양한 외부세계의 참모습을 조감하고 이를 가치 있게 펼쳐놓는다. 꾸밈없는 의식의 투명성과 작위적이지 않은 순박한 언어의 융합으로 순수한 영혼의 자아상(自我像)을 그려낸다. 시행을 우려내는 시인의 농익은 어조(語調)가 진정성에 가득 차 있어 미덥다.

2. 순정과 질박한 의식으로 축조하는 영혼의 집짓기

시인은 무한한 가능태로서 철학과 사유의 총합을 모태로 삼는 존재이다. 생의 저변에 축적된 번민과 회의를 통해 심층적 의미를 채록하는 장인(匠人)이다. 그러기에 시는 의미 있는 진통의 결실로 작용한다. 내면의식의 층위(層位)를 면밀히 결집하여 시행과 행간을 채색한다. 시 창작을 위해 시인은 부단히 번민하고 갈등하고 사유하며 희열을 위한 진통의 과정을 극복해간다. 시인이 밀도 높은 함축성과 깊은 사유, 예지와 통찰력이 화학적으로 융합할 때 명시는 탄생한다. 겉으로 내보일 수 없는 감상의 편린들을 작품으로 정제하여 형상화하는 작업은 숙연한 일이다. 시는 감성과 이상 사이에 존재하고, 현실과 사유 및 철학 사이에 존재하는 상관물로 정신세계를 구현하는 형이상학적 창조물이다. 시는 영구한 영적 생명을 위해 짓는 영혼의 집이다. 송인관 시인은 그런 영혼의 집짓기에 헌신한다. 현재의 갈등과 번민을 생생한 느낌으로 집중시키며, 그 집중된 느낌을 바탕으로 현실을 타개하고 극복할 수 있는 단초를 마련한다. 곧고 깊은 시선으로 현상적 본질을 투시하고 순결성과 검박한 의식으로 진솔하게 통찰하여 작품의 내면적 반열(班列)을 구축한다.

4시에 일어나 문예지/ 마지막 페이지를 읽는다// 무장 공비와 정보 형사에서/ 나오는 글이다// 검사의 날카로운 심문에/ 법정은 다시 술렁거린다// 정보 형사는/ 판사석을 향해 소리친다// 피고는 밥을 챙길 당시만 해도/ 자수 의사가 없었는지 모르겠으나// 밤새 마음이/ 달라졌던 겁니다// 피고는 달라진 속내를/ 지금 감추고 있을 뿐입니다// 그러자 무장 공비는/ 머가 여드레 간나새끼// 네가 뭔데/ 자수라고 우기는 갠가// 무장공비 K는/ 이북에 두고 온 가족 때문인가// 주먹만 한/ 눈물을 줄줄 흘린다

—「오늘 아침」 전문

꼭두새벽, '오늘 아침'은 그리 유쾌하지 않다. 눈부신 햇살과 청량한 바람, 해맑은 물결소리가 상큼하게 아침을 연다 해도 의식의 표면에 달라붙은 부유물(浮遊)은 앙금처럼 이끼로 남는다. 그것은 이데올로기(Ideologie)의 경직된 사상과 관념체계에서 비롯되는 통절하고 뼈아픈 고통이다. 동족상잔(同族相殘)의 극단적 비극을 겪었고 세계에서 유일하게 철조망으로 경계를 가르고 있는 분단국가, 그곳에서 파생하는 결말 없는 비극과 아픔은 언제나 현재진행형이다. 요즘 들어 남북이 빈번히 마주앉아 간극과 이견(異見)의 틈새를

메우고 동질화를 모색하는 모습이 보인다. 화학무기의 제거와 공동개발을 위해 협상의 수순을 밟는 것은 우리 민족의 절대적 과제인 남북통일을 위해 참으로 다행스러운 일이다. 그러나 이는 결코 확신할 수 없는 안개 속 명제인 것도 사실이다. 남북관계는 본질적으로 유동적이고 불투명한 실체로서 진로예측이 불가능한 성격을 지니고 있기 때문이다.

법정은 인간관계를 조정하고 판정함으로써 균형추의 추이를 결정하는 중심공간이다. 이곳에서 대립적 관계로 인식되는 무장 공비와 정보 형사 간에 진실규명을 위한 갈등양상이 전개된다. 시인이 새벽에 탐독하는 문학작품의 한 장면이다. 이들 대립구조의 주된 요인은 자수여부에 대한 이견이다. 아이러니(Irony)하게도 주체의 행위를 정보 형사는 자수라 주장하고 무장 공비는 극구 부인한다. 자수라고 시인하면 법적형량이 훨씬 가벼워질 텐데도 이를 부인하고 끝내 거칠고 날 선 언사로 대립한다. 시적자아는 이의 원인이 아마도 북에 두고 온 가족 때문일 거라고 유추(類推)한다. 그리고 이러한 단정에 대해서 무장 공비가 흘리는 눈물을 근거로 제시하여 주장의 타당성을 확보한다. 현상적인 모순과 부조화의 이질적 모습을 유추라는 전개원리의 기제를 동원하여 합리화를 모색한다. 유추는 상상적(想像的) 발현의 추리이다. 시의 창작에 있어 자신을 해체하고 재조합하는 창조적 행위의 동기는 시적 상상력에서 기인한다. 시는 상상력으로 빚는 심미적 세계의 영상이다.

3. 순수서정으로 구현한 생명론과 인간성 회복에의 염원

시인은 부단히 앞으로 나아가는 진취적 존재이다. 도전적이고 개척적인 모습이 시인의 본령(本領)이다. 그러기에 시인은 통상적인 것에서 특이한 것을 발견하고 일반적인 것에서 특수함을 발견하며 평범함에서 비범함을 발견하는 존재여야 한다. 인생행로에서 부단히 새로운 길을 찾아내고, 그 새 길에 환히 등불을 밝힘으로써 길 따라 오가는 사람들을 따뜻이 품어주는 존재여야 한다. 바람 거센 길목과 물살 세찬 여울목을 지켜 서서 중심 잃고 뒤뚱대는 민중을 잡아주는 따뜻한 가슴의 소유자여야 한다. 여기에 시인의 참된 존재가치가 긍정적인 인식과 함께 합리성을 갖는다.

송인관 시인이 구현하는 시작품은 서정시(抒情詩)가 전체적으로 본류를 형성하는 양상을 보인다. 본질적으로 서정시는 시적자아와 외부세계의 통섭(統攝)을 지향하는 문학이다. 서정시는 부드럽고 온유한 심성으로 시적자아와 외부세계, 외부세계와 또 다른 외부세계가 부딪치며 파생하는 상흔(傷痕)을 어루만지는 치유의 문학이다. 그것이 서정시가 추구하는 본래의 영역이고 관성이다. 서정시인은 자신의 내면과 아득히 펼쳐진 외부세계의 융합을 위해 이음새에 밀도 높은 연결 장치를 마련한다. 그 촘촘한 연결 장치가 자신을 향하여 이어질 때 작품은 존재론적 의미를 구현하는 순수서정의 형태로 발현하고, 외적세계의 대상으로 향할 때 작품은 리

얼리티(Reality)를 강화하면서 삶에 대한 깊은 통찰을 모색하게 된다.

물 위에 떠 있는 가랑잎 하나/ 여울목에서 소리 없이 사라진다// 여기까지 오는 동안/ 아름답던 시절도 많았는데// 한 잎 가랑잎 되어/ 정처 없이 떠도는 몸// 언젠가는 흔적도 없이/ 저 가랑잎같이 살아질 텐데// 그 시점/ 정말 알 수가 없구나

—「인생의 여울목」 전문

삼동이 지나 경칩이 오자/ 겨우내 잠자던 양파 하나// 생명이 꿈틀거리며/ 새로운 싹이 돋아나네// 생명력이 경이로워/ 용기에 담아 물을 주었더니// 푸른 생명인 새싹이/ 줄기에서 가지를 치며// 생명 창조의 비밀을 품은 채/ 초록 줄기로 뻗어 나가네// 광활한 우주를 향해/ 뻗어 나가는 저 양파 하나// 어디서/ 그런 힘이 솟아날까// 진시황이 애타게/ 찾던 불로초를 먹는다면// 나에게도 저 양파같이/ 새싹이 솟아날까

—「양파 하나」 전문

송인관 시인의 작품은 서정적 자아상의 구현이고 가치관이며 인생론의 역설이다. 그의 시는 순수서정으로 일구어내는 삶의 희구(希求)이자 일그러지고 사라져가는 인간성 회복을 위한 염원의 시학이다. 그의 희구의식은 모두 '시간' 단위 속에서 이루어진다. 시간 속에는 인간의 영적 생명이 존재한다. 인간은 징검다리처럼

이어지는 이 시간의 이음새를 딛고 살아간다. 유한한 생의 언저리에서 시간은 점차 틈새가 벌어지고 생명의 요체들이 야금야금 그 틈새로 소멸되어간다. 그러다 보면 부지불식간에 가팠던 숨결이 시간의 끝자리에 닿게 된다. 동태적 시간의 유동성이 정태적(情態的) 시간으로 변화하는 순간이다. 인간의 존재는 찰나(刹那)이고 생명도 순간이다. 가파른 산마루 너머로는 항상 내려와야 하는 비탈길이 이어진다. 오르면 내려야 하는 보편적 철리(哲理)는 인간 삶의 필연적인 과정이다. 내려서는 길은 하강(下降)의 실체적 행위로 규명된다. 생명의 소진은 인간에게 가장 슬픈 하강이다.

가랑잎 하나가 여울목에서 소리 없이 사라진다. 우리가 함께하는 시간과 공간 속에 존재했던 실체 하나가 소멸되는 순간이다. 존재는 그 자체로서 신비로운 것이다. 물은 그 존재인 인간생명의 원형적 상징으로 생명탄생의 이미지(Image)를 지닌다. 생명탄생으로 인한 환희와 유열(愉悅)의 중심부에서 생명을 잃은 개체가 소멸되는 현상이다. 이는 엄청난 모순이고 반의(反意)이다. 안정적이고 고정된 음률로 연주되던 오케스트라의 돌연한 변주곡(變奏曲)이다. 일정한 리듬과 선율로 규정되던 상징의 예고 없는 반란이다. 이에는 '여울목'이라는 변수의 주체가 시어로 제시된다. 여울목의 세찬 물결은 무엇이든 변형태가 가능한 역량을 지닌다. 그 여울목의 물살에 휩쓸려 시적자아의 삶도 흔적 없이 소멸될 것이다. 가랑잎은 바로 시적자아와 일체화된 상징물이기 때문이다. 돌이켜보면 때로 아름다운 시절도 있었다. 이는 왕성히 존재했던 시절의 유의미한 가치에 대한 회상이고 반추(反芻)이다. 인생의 정상에서 내려서는 길에 밟히는 상념들이다. 그것은 허무의식이고 아쉬움의 정서이다. 시적자아에게는 지금이 바로 변주곡이 필요한 시점이리라. 변주곡은 예측되지 않는 이탈의 악곡이다. 그러나 오랜만에 연주되는 변주곡은 통상적이고 단조롭던 삶의 질감과 미감을 심화 증폭시킨다.

양파에겐 생명이 있다. 겨우내 잠자던 양파가 생명을 꿈틀거리며 새로이 싹을 틔운다. 봄을 맞이하여 소생하는 환희의 정경이다. 우주의 원리가 함유한 경이롭고 신비로운 현상이다. 푸른 생명체로 초록줄기를 뻗어가는 양파의 안간힘이 대견스럽다. 광활한 우주를 향해 거침없이 가지를 뻗어가는 양파의 모습이 생명에 대한 외경심을 자아낸다. 생명체로 온전히 존재하기 위한 필연적 행위이다. 하나의 생명을 꽃피우기 위해 보이는 일관적이고 주도적이며 용맹한 행위가 주체의 경탄을 자아낸다. 이에는 양파를 용기(容器)에 담아 물을 주고 가꾸어온 시적자아의 온심(溫心)과 배려가 자리한다. 양파가 지닌 불굴의 생명력을 돕고 지원하려는 시적자아의 박애주의(博愛主義)적 표상이다. 양파의 줄기찬 생명력은 시인이 오랜 날 자기화하려고 꿈꾸어온 지고한 가치덕목이다. 그는 양파의 초록줄기처럼 세상을 향해 가지를 뻗고자 했다. 거친 광야를 헤치며 꿈을 펼치고자 하는 소망을 간직해왔다. 양파는 시적자아를 대칭(代稱)하는 이상적인 상징물이다.

생명의 탄생과 소멸은 지극히 양극적이다. 그러기에

이는 한 묶음으로 묶여 존재하는지도 모른다. 앞의 시에서는 가랑잎처럼 사라져가는 생명의 유한성에 대한 회의(悔意)와 양파처럼 돋아나는 생명의 탄생에 대한 환희가 대비되어 비가(悲歌)와 찬가(讚歌)로 모자이크(Mosaic)를 이루며 들려온다. 누군가의 시처럼 우리는 이제 보다 절절한 결별과 조우(遭遇)를 위해 미리 연습을 시작해야 한다. 아름다운 이별을 위해 잃어가는 연습을, 바람직한 만남을 위해 기억하는 연습을 시작할 때이다. 시적자아의 정서를 가랑잎과 양파라는 상징물에 의탁하여 비유적으로 그려내는 시인의 시작기법이 대단하다.

4. 자아상이 아닌 자아상에 대한 무상감과 성찰의 인식

송인관 시인의 제3시집 『오늘 아침』을 구성하는 대부분의 시는 해독력의 보편적 용이성을 획득하고 있다. 소박하고 편안하게 접근할 수 있는 시를 탐독하는 독자는 높은 가독성 속에서 편안히 작품의 본질을 이해할 수 있다. 독자들은 시적긴장이나 망설임 없이 안정적인 인식으로 송인관 시인의 시편들과 직면할 수 있다. 일찍이 사르트르(J.P. Sartre)는 "작가의 글쓰기가 독자에 의한 '읽기'로 전환되지 않으면 문학작품은 그저 종이 위에 박힌 검은 흔적일 뿐이다."라고 설파했다. 그런 의미에서 소박하면서도 따뜻하고 심층적 사유(思惟)로 충만한 송인관 시인의 시편을 되작이는 일은 매우 가치 있는 일로 평가된다.

거울 속에/ 나는 어디로 가고// 웬 낯선/ 이방인이 서 있나// 항상 젊고/ 패기 있게 살아왔는데// 거울 속에/ 비친 사람 누구일까// 억만년 전 인간 모습인가/ 멍키 모습인가

—「거울 속에 나」 전문

책꽂이 위에/ 사진틀 하나 있다// 관중 앞에 마이크를 든/ 내가 있다// 언제 어디서 찍은 사진인지/ 기억이 안 난다// 무슨 말을 하였는지도/ 모르겠다// 그렇게 당당했던 시절이/ 있었다는 것이 대견스럽다// 세월은 흘러 어느새 불청객이/ 찾아와 백발이 되었다// 사진틀에 걸려 있는/ 젊은 시절 나의 자화상

—「나의 자화상」 전문

나는 누구인가? 불현듯, 거울에 비친 자신과 사진틀 속 자신을 향하여 되묻는 질문이다. 나는 도대체 어디서 오고 어디로 가는 존재인가. 거울에 투영된 자아의 모습과 사진틀 속의 인물은 지극히 낯설고 어색하다. 분명한 자신의 모습이나 분명히 자신의 모습이 아니기도 하다. 시적자아는 낯선 이방인에게 자꾸만 의혹의 시선을 던진다. 예전의 자아상은 결코 이런 모습이 아니었다. 이는 '너는 누구길래 그토록 슬픈 얼굴로 날 바라보니?' 라고 노래한 어느 노시인의 자화상과도 닮

았다. 여기까지 항시 젊고 패기 있게 삶을 주도하고 건사하며 거친 생애의 바다를 건너왔다. 그것은 선장으로서 책무로 짊어졌던 불가분의 업보였다. 지난날, 시적 자아는 자신의 모든 영역에서 선장이었다. 선장은 목적지인 항구에 무사히 정착해야 할 무한의 책무를 진다. 목적지에 안착(安着)하기 위해서는 거센 물살을 헤치고 망망대해를 건너며 수많은 난관을 극복해야 한다. 험난한 항해에 대비하여 선장은 끊임없이 자신을 다독이고 정제(整齊)하며 채찍질해왔다. 그렇게 당당하고 패기 왕성한 시절이 있었다. 스스로도 대견하고 미덥고 자랑스럽던 시절이다. 그러나 세월은 너무도 무상했다. 흘러가는 시간의 관성은 참으로 무심하고 무분별했다. 바람처럼, 물결처럼 흐르는 비가시적인 세월은 시적자아에게 상처처럼 가시적인 백발만 남기고 사라졌다. 거울에 비친 자아의 모습과 사진틀 속의 자기 모습을 바라보며 무상한 회상에 잠긴 시적자아의 모습이 정지된 한 컷의 흑백영상처럼 확연히 느껴져 가슴이 뭉클하다.

5. 정결하고 순박한 무채색 감성으로 채록(採錄)한 단아한 노래

색이 지니는 이미지는 개인과 집단의 개체적 문화에 따라 특별한 의미를 가지기도 하고 보편적 의미를 지니기도 한다. 채도가 높은 순색에 있어서 각 색상들은 매우 다른 이미지를 드러낸다. 이는 생활환경과 자연을 체험하면서 귀결된 자연스런 현상이다. 색상은 시각적 효과뿐만 아니라 우리가 살아가며 느끼고 사용하는 모든 경험의 복합체로 작용한다. 그렇게 색채의 개성적인 감성은 동일 문화권 내에서 함께 살아온 사람들과 통용되고 더불어 공유하게 되는 문화의 이미지를 형성한다. 이런 현상은 각 나라의 전통색에서 쉽게 찾을 수 있고, 여러 문화권에서 보이는 공통적인 색상의 이미지에서도 확인할 수 있다. 보편적으로 빨강은 감정을 고조시키는 자극적인 색깔로 정열과 열정을 상징하며 위험이나 경고의 의미로도 사용된다. 주황은 빨강과 노랑의 속성을 지니며 따뜻하고 활기찬 느낌을 지닌다. 노랑은 명랑하고 힘찬 느낌을 주며 행복을 상징하는데, 이는 즐거움과 역동성, 생동감의 이미지를 나타낸다. 파랑은 고요하고 차분하며 명상적인 색깔이며 긍정성과 안정성, 진실성을 지닌다. 또한 이는 정직함과 지혜로움의 상징으로 신뢰성과 자신감을 나타내며 평온한 느낌을 준다. 초록은 자연이 지닌 색깔로서 강렬하거나 침체되지 않은 중성적 느낌을 준다. 보라는 우아함과 화려함과 풍부함을 나타내며 고상하고 외롭고 쓸쓸한 정서와 예민한 감수성, 예술적 감각을 지닌다. 갈색은 흙이나 낙엽, 목재 등과 같은 색으로 자연스럽고 평온하며 편안한 느낌을 준다. 검정은 모든 색의 파장을 흡수하는 색깔로서 무겁고 어두우며 우울한 느낌과 더불어 두려움이나 죽음을 상징하기도 한다. 흰색은 우리 민족을 상징했던 대표적 색깔이다. 이는 색이 없는 무색으로 인식되나 실제로는 모든 색이 혼합된 복합적 색깔이다.

흰색은 단정하고 가지런한 색깔로서 순수함과 깨끗함, 단아함을 느끼게 한다. 흰색은 정결하고 순박한 하얀 영혼의 색깔이다.

> 적막 속에 나를 가둬놓고/ 하얀 눈이 내리네// 청계산과 관악산 골짜기에도/ 눈이 펄펄 내리네// 눈 내리는 언덕과 들판/ 하얀 눈으로 덮여 있네// 정말 그림 같은 하얀 눈이/ 내 마음속에서도 내리네
>
> —「눈이 내리네」 전문

> 우리 국민은/ 순결한 민족이다// 하얀 눈이 내린다// 온 천지가/ 흰색으로 덮인다// 목련꽃도/ 백합꽃도 다 하얀색이다// 하늘을 나는/ 구름도 하얀색이다// 어머니 마음도/ 명주실같이 부드럽고// 비단결같이/ 고운 흰색이다// 하얀 눈이/ 마음속에서도 펄펄 내린다
>
> —「흰색」 전문

> 하얀 나비 한 마리/ 담장 따라 춤을 추다// 갑자기/ 숲속으로 사라진다// 오욕으로 얼룩진/ 내 영혼 세속에서 벗어나// 흰나비 너를 따라/ 숲속으로 들어가// 나비같이 평화스럽게/ 여생을 보낼 수는 없을까
>
> —「흰나비」 전문

송인관의 시는 눈처럼 맑고 깨끗하다. 일체의 시적기교를 배제하고 진솔한 자기고백의 화소(話素)로 시의

행간을 구성한다. 순박한 언어의 융합으로 시를 빚어 순결한 영혼의 자아상을 그린다. 인간세계의 모순과 불합리성을 시적자아의 진실한 목소리로 구현하여 시로 형상화한다. 인위적 수사기교와 꾸밈의 가공술(加工術)을 배제하고 가슴 깊이 도사린 속내를 진솔히 풀어놓기에 우리는 그의 시 앞에서 보다 진지할 수 있다. 그러기에 송인관의 시는 망막에 투영된 특출한 영상으로 저장되어 오랫동안 상존한다.

송인관 시인은 유난히 흰색에 대한 선호도가 높다. 온 마음을 흰색으로 채색하고 흰색을 닮아 흰색처럼 살고자 하는 소망을 강건하고 의지적이며 질박한 목청으로 노래한다. 눈 오는 날은 사위(四圍)가 적막하다. 그 적막한 날에 뭉클한 가슴으로 눈 내리는 청계산과 관악산을 조망한다. 주거지가 과천이기 때문에 그의 시에는 인근 지역의 고유명사가 자주 등장한다. 송인관 시인은 거주지역과 마을에 대한 애정이 따뜻하고 도탑다. 그곳에서 흰나비 한 마리가 너울너울 춤을 추다가 숲속으로 사라져간다. 문득, 나비를 보면서 시적자아는 자신의 영혼이 오욕으로 얼룩져 세속에 물들었음을 깨닫는다. 흰색은 바로 시적자아가 자신의 내면을 응시하고 현상을 깨달으며 반성과 성찰을 이루는 인식의 기제(機制)와 매개체로 작용한다. 눈은 도화지에 무채색으로 그려지는 넉넉한 여백의 숭고미(崇高美)와 우아미(優雅美)를 지닌다. 이는 비움으로써 채워지는 심상(心象)의 그림이다. 언덕과 들판에 내리는 눈은 시적자아의 마음속에도 내린다. 시적자아와 자연계의 동일화, 시인과 눈이 일체화되는 물아일체의 정경이다. 목련꽃이나 백합꽃, 구름이 모두 하얀색이고 어머니의 마음이 명주실처럼 고운 흰색이었듯 시적자아는 마음속에 흰색을 간직하려 소망한다. 눈 내리는 그윽한 정경과 대상과의 동일화 모색, 자연물에 의탁한 흰색의 순결성이 감정이입(感情移入)과 대조적 수사에 의해 명시적으로 그려진 아름다운 작품이다.

6. 사랑의 연민과 상실의 그리움으로 채색한 숭고한 이름들

가족은 사회구성의 기본 단위이다. 가족은 혈육을 중심으로 형성되는 공동체의 내적집단이다. 우리는 생계를 함께하는 집단을 가족이라 하고 그 가족집단의 구성원을 '가족원' 이라 부른다. 가족은 이들 구성원들에 의해 여러 가지 유의미하고 가치 있는 기능을 수행하며 가족원간의 교제와 사랑을 통해 정서적, 심리적 안정감을 추구한다. 송인관 시인의 작품에는 가족에 대한 절대적 사랑과 연민, 그리움의 정서가 주조를 이루는 시가 많다. 이는 진솔한 감성과 명징한 시어의 운용에 의해 더욱 의미가 강화 확장된다. 시에서 주지하는 가족에 대한 무한적 헌신과 애틋한 그리움, 연민의 정감이 동심원으로 파장을 이루며 건조해진 세상을 향해 물결친다.

감꽃이 피는/ 여름철이 돌아오면// 아버지 잔영(殘影)이/ 떠오르는 것은 무슨 조화일까// 감나무 그늘 밑에 앉아/ 무릎을 주무르시던 아버지// 감꽃이 떨어지면 지팡이를 짚고/ 빗자루로 쓸곤 하셨는데// 무명 베옷 한 벌 달랑 입으시고/ 왜 저세상으로 가셨는지요// 오늘도 임자 없는/ 빗자루는 마당에서 뒹굴고// 주인 잃은 지팡이는 낮잠만 자는데/ 감꽃은 떨어져 쌓여만 가네

—「감꽃」 전문

어린 시절/ 동지섣달 그믐밤// 화롯가에 앉아/ 바느질 하던 어머니// 온 식구 모아놓고/ 옛이야기 하던 아버지// 그 시절 다시 올 수 있을까/ 미치도록 그리운 화롯가

—「화롯가」 전문

오늘따라/ 아내의 도마질 소리// 왜 이리도/ 정답게 들려올까// 살아생전/ 어머니가 들려주시던// 정다웠던/ 도마질 소리// 그리운 그 시절/ 다시 올 수는 없을까

—「도마질 소리」 전문

그리움은 회억(回憶)의 감성에서 파생되는 애틋한 정서이다. 이는 "물살 가르며/ 날고 있는 갈매기"나 "태양이 노을 져/ 바다 멀리 사라지는" 정경에서 느낄 수 있고, "출렁이는 물결 따라/ 움직이는 낚싯배 하나"에서도 느낄 수 있다. 그러나 가족에 대한 연민의 정서는 자연물에서 느끼는 그리움보다 훨씬 깊고 확연하다. 자

연물에 대한 그리움이 추상적이라면 타계한 가족에 대한 그리움은 훨씬 구체적이다. 감꽃이 피는 여름이 오면 아버지가 그립다. 감꽃이 질 때 지팡이 짚고 툇마루를 쓸던 아버지, 그러다가 감나무 그늘에 앉아 무릎을 주무르던 아버지의 잔영(殘影)을 지울 수 없다. 어느 날, 불현듯 무명 베옷 한 벌 달랑 입고 저승으로 가셨는데, 오늘도 감꽃은 떨어져 쌓이고 빗자루와 지팡이는 임자 없이 나뒹군다. 이 세상에는 '아버지' 라는 이름만큼 소중하고 아름다우며 숭고한 명칭도 드물다. 감꽃을 빌어 연상하는 아버지에 대한 그리움이 진하다. 동지섣달 그믐밤이면 화롯가에 앉아 바느질하던 어머니도 떠오른다. 곁에서는 온 식구들에게 옛이야기를 들려주던 아버지의 다정한 모습이 자리한다. 때마침 들려오는 아내의 도마질 소리가 옛날 어머니의 도마질 소리를 빼닮았다. 무척이나 정겹고 그립던 소리이다. 애타게 기다려도 오지 않고 그 시절로 돌아가려 염원해도 돌아갈 수 없는 불가항력의 정경이다. 그러기에 그리움은 항상 깊고 우수적인 미완(未完)의 정서로 남는다. 돌아갈 수도, 돌아올 수도 없는 회상이기에 그리움은 더욱 그리운 여운을 가진다. 그것이 우리네 인생의 한 단면이기도 하다. 아버지와 어머니와 아내가 서로 다른 시제에 다른 정경의 그리움으로 등장하는 동화 같은 영상의 한 장면이다. 자연물에 의탁하여 심층적 정서를 우려내는 시적기법이 탁월하다.

나는 왜/ 이 길을 걸어가는가// 들어가는 길은/ 있어도 나가는 길이 없는// 태산준령/ 같은 험준한 길을// 돈도 안 되고/ 알아주지도 않는 길을// 왜 나는 이 길을 / 걸어가야만 되는 걸까// 소용돌이치는/ 삶을 침묵으로 삭이며// 걷지 않으면 안 될/ 외로운 문인의 길

—「문인의 길」 전문

문학의 현장은 끊임없이 이어지는 발자국의 조합이다. 문인의 발자국은 지극히 외롭다. 문인이 걷는 길은 "온 천지가 비에 젖어/ 어둠 속으로 사라지는" 길이기도 하고, "보도블록 틈새를/ 비집고 나온 잡초처럼" 살아가야 하는 길이기도 하다. 그 길은 "살아 천 년/ 죽어 천 년을 사는" 삶이기도 하고, "운명에 순응할 줄 알고/ 맡은 일을 묵묵히 수행하는" 길이기도 하다. 문인의 길은 입구는 있어도 출구가 없는 험준한 길이고 "소용돌이치는/ 삶을 침묵으로 삭이는" 고통 어린 길이기도 하다. 삶은 물처럼 자연스럽게 흘러가는 순연성(純然性)이 중요하다. 시인은 삶에서 마주하는 자연과 일상들을 통하여 의미를 발견하고 그것을 반추하며 자기만의 작품으로 표현해낸다. 언어로 축조하는 상상의 세계에서 인간은 진정 자유로울 수 있다. 감정의 편린들을 모아 정리하고 작품집을 엮는 시인의 행위는 숭고하다. 시를 쓴다는 것은 자기 스스로를 열정으로 불태우는 일이다. 과거와 미래의 갈림길에서 자신의 존재를 찾아 새롭게 정립해야 하는 어려운 길이기도 하다. 송인관 시인의

앞길에 별빛이 초롱초롱하고 해맑은 달무리가 길을 밝게 비추기를 바란다.

7. 갈무리 말

송인관 시인의 작품집 『오늘 아침』에 수록된 일련의 시를 특징적 요소로 하여 작품의 양상을 요약하면 다음과 같다. 첫째, 인간세계의 모순과 불합리성을 채화하여 시적자아의 진정한 목소리로 구현함으로써 성찰과 참회의 계기로 삼는다. 맑고 깊은 시선으로 현상적 본질을 통찰하고 검박한 의식과 순결성으로 진솔하게 작품의 내적 반열을 구축한다. 둘째, 순수서정으로 일구어내는 삶의 희구(希求)를 일그러지고 사라져가는 인간성 회복의 테마(Theme)로 집중시키며 시적대상을 범박애주의의 표상으로 형상화하여 시화한다. 셋째, 일련의 시가 눈처럼 정갈하고 깨끗하다. 도화지에 스케치한 소묘(素描)처럼 형태와 명암이 분명하고 시적기교 없이 진솔한 자기고백의 화소(話素)로 시의 구심 축을 형성한다. 꾸밈없는 의식의 투명성과 비작위적인 순박한 언어의 융합으로 시를 빚어 순결한 영혼의 자아상을 그린다. 넷째, 가족에 대한 무한적 사랑과 연민, 그리움의 정서를 주조로 하여 진솔한 감성적 시어에 담아내며 의미강화와 확장에 주력한다. 시에서 주지하는 가족에 대한 헌신과 애틋한 그리움, 연민의 정감이 동심원을 이루며 메마른 세상으로 파동 친다. 다섯째, 대다수의 시가 해독력의 보편적 용이성을 획득하고 있어 소박하고 편안하게 접근할 수 있다. 시를 탐독하는 독자는 높은 가독성 속에서 시적긴장이나 망설임 없이 안정적인 심성과 정서로 시인의 소담한 시편들과 직면함으로써 진중한 내면의 목소리에 천착(穿鑿)할 수 있다.

송인관 시인의 제3시집 『오늘 아침』의 상재를 진심으로 축하하고, 앞으로도 무한한 문학적 성취와 함께 건필을 직립하여 향기로운 작품을 창작하길 소망한다.

시비건립

송 인 관 시인 · (사)세계문인협회 감사

— 광창마을 주민 뜻을 모아 송인관 시인 시비 세우다

광창(廣倉)마을은 매년 음력(陰曆) 10월 20일 온 마을 주민이 이중계비(里中稧碑) 앞에 모여 천상(天上)에 계신 조상(祖上)님과 마을의 수호신(守護神) 토지신(土地神)께 마을의 안녕(安寧), 번영(繁榮), 화합(和合)을 기리는 대동제(大洞祭)를 올린다. 2017년 12월 7일(음력 10월 20일) 신계용 과천시장, 과천시 시의장 이홍천, 과천 문화원장 이용석, 배수문 도의원, 광창마을 통장 오세분과 이중계 회장 송억산 외 내빈과 주민 100명이 참석한 가운데 대동제(大同際)를 올렸다. 유서 깊고 뜻깊은 곳에 광창마을 주민들이 뜻을 한데 모아 송인관 시인 · 수필가 · (사)세계문인협회 감사의 시 작품 「노을 같은 인생」 시비를 세워주었다.

시비의 뒤편에는 (사)세계문인협회 김천우 이사장의 서평이 새겨져 있다.

◀ 송인관 시인 시비 앞

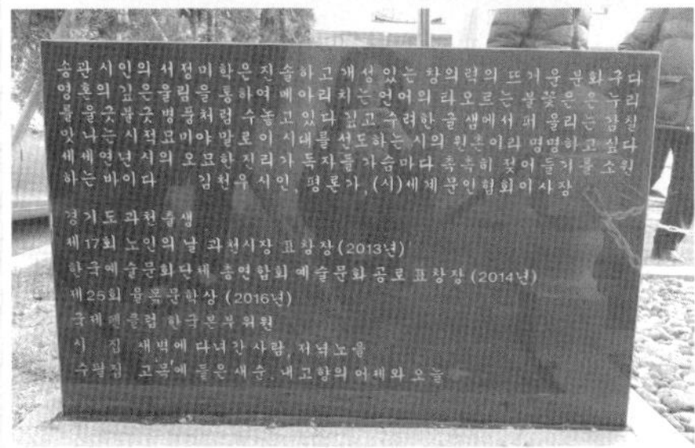

◀ 송인관 시인 시비 뒤

▶ 광창마을 이중계비

문학세계대표작가선 869

오늘 아침

송인관 제3시집

인쇄 1판 1쇄 2018년 11월 8일
발행 1판 1쇄 2018년 11월 15일

지 은 이 : 송인관
펴 낸 이 : 김천우
펴 낸 곳 : 도서출판 천우
등 록 : 1992. 2. 15. 제1-1307호
주 소 : 서울시 성동구 무학봉28길 6 금용빌딩 2F
전 화 : 02)2298-7661
팩 스 : 02)2298-7665
http://moonhak.wla.or.kr
E-mail : chunwo@hanmail.net

값 10,000원

ISBN 978-89-7954-739-9

이 도서의 국립중앙도서관 출판예정도서목록(CIP)은 서지정보유통지원시스템 홈페이지(http://seoji.nl.go.kr)와 국가자료공동목록시스템(http://www.nl.go.kr/kolisnet)에서 이용하실 수 있습니다. (CIP제어번호: CIP2018035281)